やさしくわかる デジタル時代 の 情報モラル 1

基本編

松下孝太郎、山本光・共著

技術評論社

はじめに

インターネットは情報化社会において必要不可欠なものになっています。大人だけでなく子どもにも、学習、仕事、家庭など、広範囲に利用されています。一方、スマートフォンやパソコンなどのインターネット端末やそのサービスの使用に際しては、ルールを守り、基本的な技術を理解する必要があります。インターネットを通じたさまざまなサービスは便利である反面、使い方を誤ると、危険にさらされることを知っておく必要があります。

本書は、これからスマートフォンやパソコンなどのインターネット機器を使う人だけでなく、すでに使っている人も情報モラルを学習できるように編集しています。本書の特徴として次の点を挙げることができます。

- 情報モラルの基本概念を理解できる
- 情報モラルを知る上で必要な基本技術を理解できる
- 具体例が図表とともに解説されている
- 知っておきたい関連知識がコラムに記載されている
- 総ルビで読みやすい形式になっている

基本編では情報モラルとは何か、その対象や基本技術などについて解説しています。これらを理解することにより、インターネットや情報通信機器を正しく安全に、便利に利用することにつながります。

インターネットを中心とした情報技術は今後さらに進歩し、より広い用途に利用されていくでしょう。私たちは情報モラルを理解することで、一層便利で快適な生活を送ることができます。

なお、本書における解説、図表、事例は、標準的なインターネットやスマホなどの環境を想定して記載しています。

最後に、本書の編集・企画においてご尽力いただいた技術評論社の渡邊悦司氏、松井竜馬氏および関係各位に深く感謝の意を表します。

松下孝太郎、山本光

帰ります

はーい

1-3
情報モラルはどうして
必要なの？

1-8
情報モラルの対象となるサービス
ってどんなものがあるの？

1-14
ゲームで注意すること
って何？

情報モラルについていっしょに学んでいきましょう！

上原悠人さん

高橋真央さん

佐藤麻衣先生

やさしくわかるデジタル時代の情報モラル
【① 基本編】目次

コラム

情報社会って何？

私たちが暮らす情報社会とはどのような社会なのでしょうか？

情報社会の今

「情報社会」は世界中の人と簡単にコミュニケーションがとれる社会です。それらを支えているのがインターネットやスマートフォンなどの技術です。
さらにAI（人工知能）やIoT（モノとインターネット）などの技術が加わり、新しい社会を目指しています。

内閣府は、社会の姿を下図のように表現し、現在をSociety4.0 情報社会と表しています。Society3.0工業社会では機械による生産と販売が中心でしたが、情報社会は情報が中心となって発展していく社会です。電気通信技術の発達でテレビなどのメディアが誕生し、さらに今日ではインターネットやスマホの普及で個人の情報発信が可能になりました。今や世界中で莫大な量の情報が生産・収集・伝達されています。未来では、AI（人工知能）やロボット、モノがインターネットにつながるIoT など、いっそう高度な情報技術により、遠隔医療やリモートワーク、自動運転などが実現する新たな社会が期待されています。

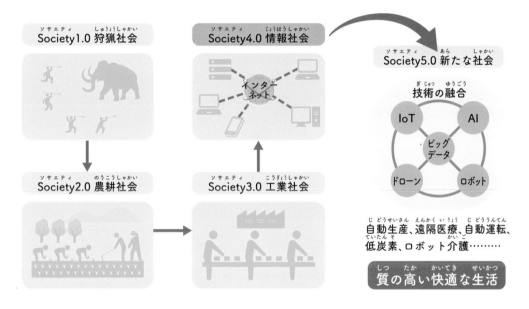

内閣府のSociety5.0

内閣府のWebサイトにはSociety 5.0 の説明があります。サイバー空間（仮想空間）とフィジカル空間（現実空間）が融合したスマートシティです。そのような未来の様子が動画で紹介されています。

AIやIoT が進んだ情報社会においても情報モラルは大切です。高度な情報社会で人がよりよい生活を送るための技術とルールは情報モラルによって支えられています。

情報社会の問題点は何？

情報社会で起こる困ったことには、どんなことがありますか？

情報社会は暮らしを便利にしてくれる一方、困ったところもあります。主に、⑴匿名であること、⑵情報の信頼性のなさ、⑶依存などが挙げられます。例えば他人になりすましたり、ウソの情報でお金をだまし取ろうとする人がいます。依存で健康を害することもあります。

情報社会で起こる問題は一般社会と同様、お金をだましとる、人のことを傷つける、いたずらなどがそのまま当てはまります。ネット上では個人情報の漏洩、コンピュータウィルス、匿名による誹謗中傷や炎上、権利の侵害、依存症などの問題が挙げられます。また、情報社会では、大企業や国家が大量の個人データを収集することで便利なサービスを生む一方、生活の監視につながるおそれもあります。

Column コラム
匿名って何?

　匿名とは、ある行動をした人の名前が分からないこと、または実名と異なる名前を使うことです。自分の正体がわからないことを利用して、悪いことをする人が多くいます。しかし、情報技術のしくみを学べば、匿名であっても誰なのかを明らかにできることがわかります。一方、匿名には良い面もあります。例えば、多額の寄付をした人が名前を名乗らないことも、匿名の良い面の一つです。なお、英語で匿名のことを anonymous と言います。国際的なハッカー集団のアノニマスはこの言葉に由来しています。

情報モラルはどうして必要なの？

なぜ、情報モラルが必要なのでしょうか？
情報モラルを勉強しないと、どんなことで困りますか？

帰ります

はーい

　情報社会を上手に生活するための学びが情報モラルです。情報モラルによって情報社会の問題点を知り、きちんとした対策を考えることができるようになります。被害にあわないだけでなく、自分が悪いことをしないためにも情報モラルの学びが必要です。

情報社会ではスマホがあれば、どこからでもインターネットに接続できます。情報技術はより良い生活を送るために大変役に立っています。一方で、匿名（個人の名前や性別が特定できないこと）で、ウソやデマなどの不正確な情報を流したり、お金をだましとろうとするなど、ネットの世界にも一般社会と同様に悪いことをする人がたくさん出てきました。また、ネット上でのコミュニケーションでも、相手を思う気持ちが間違った方向に向かうと、大きなトラブルになります。私たちが情報モラルを学び、しくみやルール、モラルを理解することは、情報社会をより良く生活するために必要なのです。

Column コラム
大人にも情報モラルが必要

情報モラルは子どもだけが学ぶわけではありません。急速な発展をしてきた情報社会では、古くからの習慣や常識が変わることもあります。例えば、手書きの手紙には必ずつけていた拝啓や敬具、季節のあいさつなどは、SNS では必要ありません。さらに相手の顔が見えないことや匿名であることから、SNS などでは過度な誹謗中傷が発生しています。子どもも大人も情報モラルを学んで、情報社会でのより良い生活を送りましょう。

情報モラルって何？

情報社会では欠かせないという、情報モラルとは何でしょうか？

情報技術

インターネット
スマホ
アップロード
匿名

ルール（法律や決まりごと）

サイバーセキュリティ基本法
著作権
利用規約
ガイドライン

モラル（倫理）
正しい心を持つ

情報モラルとは、「情報社会で適正な活動を行うための基となる考え方と態度」とされています。情報社会でよりよい生活を送れるように、情報モラルの学習を通して「情報技術」「社会のルール（法律や決まりごと）」「モラル（倫理）」を理解し、守ることです。

情報モラルの学習では、情報技術、ルール、モラルの３つを扱います。私たちは「情報技術」によって、スマホやパソコンからインターネットを利用し、いつでも、どこでも、だれとでも通信ができます。また、「ルール」によって被害や迷惑行為から身を守り、サービスを安心して利用することができます。しかし、最も重要なのが「モラル」です。自分の行動に責任を持ち、正しい考え方や判断を身につけます。モラルがないと、情報技術を悪用したり、法律を守らない人が増えてしまい、よりよい生活を送ることができなくなってしまいます。

● 「情報モラルの５本柱」の１番目、「情報社会の倫理」の学びの例

| 小学校１～２年 | 小学校３～４年 | 小学校５～６年、中学校、高校 |

人の作ったものを大切にする心を持つ。

自分の情報や他人の情報を大切にする。

個人の権利（人格権、肖像権など）を大切にする。

Column コラム
情報モラルの５本柱

学校では情報モラルの学びの目標として次の５本柱（観点）を設けています。

1	情報社会の倫理	発信する情報や情報社会での行動に責任を持つ。 情報に関する自分や他者の権利を尊重する。
2	法の理解と遵守	情報社会でのルール・マナーを遵守できる。
3	安全への知恵	情報社会の危険から身を守るとともに、不適切な情報に対応できる。情報を正しく安全に利用することに努める。
4	情報セキュリティ	生活の中で必要となる情報セキュリティの基本を知る。
5	公共的なネットワーク社会の構築	情報社会の一員として、公共的な意識を持つ。

ルールとモラルの<ruby>違<rt>ちが</rt></ruby>いって<ruby>何<rt>なに</rt></ruby>？

ルールとモラルにはどんな<ruby>違<rt>ちが</rt></ruby>いがあるのでしょうか？

ルール（法律や決まりごと）

<ruby>六法全書<rt>ろっぽうぜんしょ</rt></ruby>

<ruby>個人情報保護法<rt>こじんじょうほうほごほう</rt></ruby>
<ruby>著作権法<rt>ちょさくけんほう</rt></ruby>
サイバーセキュリティ<ruby>基本法<rt>きほんほう</rt></ruby>
<ruby>利用規約<rt>りようきやく</rt></ruby>
ガイドライン
セキュリティポリシー

モラル（<ruby>倫理<rt>りんり</rt></ruby>）

<ruby>電車<rt>でんしゃ</rt></ruby>のマナー
<ruby>食事<rt>しょくじ</rt></ruby>の<ruby>作法<rt>さほう</rt></ruby>

マナーが×

　ルールには法律や<ruby>利用規約<rt>りようきやく</rt></ruby>、ガイドラインなどがあります。ルールは<ruby>文章<rt>ぶんしょう</rt></ruby>で<ruby>書<rt>か</rt></ruby>かれ、<ruby>公表<rt>こうひょう</rt></ruby>されています。<ruby>一方<rt>いっぽう</rt></ruby>、モラルは、<ruby>文章<rt>ぶんしょう</rt></ruby>になっていませんが、みんなが<ruby>守<rt>まも</rt></ruby>っているものです。あいさつや<ruby>電車<rt>でんしゃ</rt></ruby>のマナー、<ruby>食事<rt>しょくじ</rt></ruby>の<ruby>作法<rt>さほう</rt></ruby>などがあります。

情報モラルのルールは法律や決まりごとをいいます。情報に関する法律には、個人情報保護法や著作権法、サイバーセキュリティ基本法などがあります。また法律以外の決まりごとには利用規約やセキュリティポリシーがあります。一方モラルでは、ネットのマナーが挙げられます。顔が見えないやり取りだと、誤解や相手を怒らせてしまうこともあります。例えば、差別的な表現や欠点ばかりを指摘することで、相手の気持ちを傷つけていないか、気をつける必要があります。ルールとモラルは共に正しい考え方や態度を身につけるために、みんなが守るものです。

Column コラム 情報に関わる法律

情報に関する主な法律には、次のようなものがあります。

● IT基本法（高度情報通信ネットワーク社会形成基本法）

● サイバーセキュリティ基本法　　● プロバイダ責任法　　● 著作権法

● 個人情報の保護に関する法律（個人情報保護法）　　● 電気通信事業法

● 不正アクセス禁止法　　● 青少年インターネット環境整備法

IT関連法律リンク集（首相官邸）

https://www.kantei.go.jp/jp/singi/it2/hourei/link.html より

情報モラルはどの教科で学ぶの？

情報モラルを知りたいのですが、どの教科で勉強するのですか？

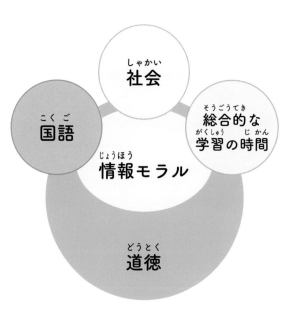

社会

国語

総合的な学習の時間

情報モラル

道徳

情報モラルという教科はありません。情報モラルは主に総合的な学習の時間や国語、社会、道徳の中で学びます。特に道徳では、情報モラルについて必ず学びます。また国語では、ネットで情報を検索し、引用しながら自分の考えをまとめる活動で情報モラルに触れます。

情報モラルはさまざま教科の中で触れられています。特に道徳では、情報モラルの具体的な事例をもとに、トラブルから身を守る方法を学習します。例えばSNSでの誹謗中傷や炎上などのトラブル、情報セキュリティ（個人情報の保護）、ネット被害（詐欺や不正請求）、ネット依存（過度な利用による生活の乱れ）、適切なコミュニケーション（相手を思いやること）などです。情報モラルの「モラルの部分」は人と社会にかかわるもので、道徳の考え方が必要になります。小中学校で学ぶ道徳には、「A. 自分自身にかかわること」「B. 人とのかかわり」「C. 集団や社会とのかかわり」「D. 生命や自然、崇高なものとのかかわり」の4つの項目があります。

道徳の考え方

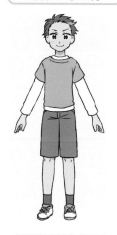

A. 自分自身

B. 人とのかかわり

C. 集団と社会

D. 生命・自然・崇高

Column コラム

教科の中の情報モラル

　情報モラルは主に道徳の授業で扱われますが、その他の教科や学校生活の中でも、ことあるごとに触れることになります。例えば、社会での調べ学習の結果をWebサイトで発表するときに、個人情報の扱いをどうするのか、見る人によっては気分を害する内容が含まれていないか、などをクラス全員で考えることがあります。このときに道徳で学んだ「相手を思いやること」などをもう一度思い出しながら、話し合うことができます。

何を使うときに情報モラルが必要なの？

パソコンを使うときは、情報モラルに気をつけなければならないのでしょうか？

情報モラルはパソコンだけでなく、スマホ、ゲーム機、USBメモリーなどの電子機器でも必要です。特にこれらの機器の中にある情報の管理や取り扱い方で気をつけることについて学びます。

情報モラルの対象となるのはさまざまな電子機器です。スマホ、パソコン、タブレットなどの中には、さまざまなアプリケーションやデータが入っています。また、USBメモリーやSDカードなどの持ち歩ける記録メディアにも多くのデータを保存できます。これらの電子機器を使って、ネットで情報をやり取りすることが当たり前になっています。しかし便利な反面、情報社会ではこれらの機器の管理や取り扱いに気をつけないと、情報が盗まれたり、拡散などの被害につながります。そういった被害から守る方法には、パスワードや暗号化、バックアップなどの手段があります。

Column コラム

パスワードは上手につけよう

パスワードに「111111」や「123456」、誕生日、電話番号など、すぐに連想できるものはやめましょう。できれば、数字と英数字が混ざったもの、「5a6e3c」などにしましょう。もし、2段階認証が可能なら、設定しましょう。2段階認証とは複数の電子機器で本人確認をするしくみで、セキュリティ効果が高くなります。また、パソコンやスマホが盗まれたり、故障したときに備えて、定期的にバックアップをとれば、データが無くなる心配も少なくなります。

情報モラルの対象になるサービスってどんなものがあるの？

ネットのサービスを利用しているときは、いつも情報モラルに気をつけなくてはならないのでしょうか？

インターネットのほとんどのサービスが、情報モラルの対象となります。

サービスの種類にはメール、ネット検索、SNS、ネットショッピング、ネットオークション、動画、ゲームサイトなどがあります。

情報モラルが対象としているサービスは、コミュニケーションを目的とした
メールやSNS、お金のやり取りを目的としたショッピングや銀行、娯楽を目
的としたゲーム、音楽、動画、ブラウザによる検索などが挙げられます。いず
れも便利なものばかりですが、利用する際に気をつけたいことがあります。悪
口や嫌がらせ、しつこい行動、知らない人との安易な交流です。会話や写真か
ら住所や学校などを特定されることもあります。悪意のある人による、なりす
ましや乗っ取り、拡散、架空請求、デマなど、さまざまな被害にあう危険があ
ります。迷惑行為や依存症にも注意が必要です。

Column コラム

アカウント情報は大切に

　ネットのサービスを利用する際はアカウントを作成します。このアカウント
にはさまざまな個人情報が記録されています。サービスにログインするための
ＩＤとパスワードが盗まれ、アカウント情報が人に知られてしまうと大変な被
害にあう恐れがあります。あなたになりすまして、買い物をしたり、個人的な
情報を盗んだりすることができます。アカウント情報を人に利用されないよう、
パスワードの管理には気をつけましょう。

インターネットにはどうやってつながっているの？

インターネットにはどのようにつながって、情報を見ることができるのでしょうか？

　私たちが自宅や学校で使うパソコンなどの機器は、LAN という狭い範囲でやり取りするネットワークにつながっています。そこからルーターという装置を通して、プロバイダ（インターネット接続業者、ISP ともいう）に接続し、インターネットを利用しています。

企業や学校、自宅などの建物内や組織内のネットワークを LAN（Local Area Network）といいます。一方、地理的に離れた地点を結ぶネットワークを WAN（Wide Area Network）といいます。世界中のコンピュータがつながるインターネットも WAN の一つです。

LAN からインターネットにつなぐには、ルーターという装置を通してプロバイダ（インターネット接続業者）に接続する必要があります。モバイル通信では交換局がプロバイダの役割をします。

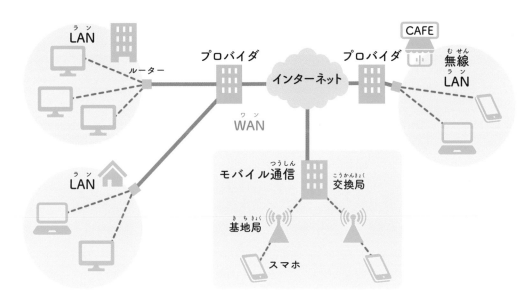

メールってどんなときに使うの？

メールを使うのはどんなときですか？
SNS があれば不要ですか？

新規メッセージ

宛　先　setsuko@gcloud.com
件　名　おばあちゃんへ
差出人　haruna@imail.com

おばあちゃんへ
この間はどうもありがとう
ございました。
また来年の夏を
楽しみにしています。

メールも SNS もインターネットを通じて文書やファイルのやり取りを行えます。特に、メールは仕事など、あらたまったときに使われます。他にもサービスの登録やログイン、本人確認などにも使われます。

メールはインターネットでメッセージのやり取りをするしくみの一つです。「taro.3hen@gihyo.co.jp」のようなメールアドレスをもとに、メールアプリやWebブラウザを使ってやり取りします。@マークの左側は任意の名前、右側は組織や国を表しています。生徒同士のメッセージのやり取りはSNSが中心ですが、社会人になるとメールを使用する機会が増えます。また、Google社やApple社が提供する無料のメールアドレスがあります。xxx@gmail.comやxxx@icloud.comなどです。これらは通常のメッセージのやり取りだけでなく、アカウント登録やログインID、本人確認などにも使われます。

アカウント登録の例

Column コラム

迷惑メールには注意

メールアドレスは知っている人とのやり取りだけでなく、サービスの登録にも使うため、いつの間にか流出して、迷惑メールが送られてくることがあります。迷惑メールにはいろいろな種類があります。例えば、クリックすると、本物そっくりのWebページに誘導して、個人情報やクレジットカード番号を盗み取るフィッシング詐欺、アドレス帳に登録した相手にウィルスを仕掛けていくメール添付型ウィルス、裁判所などの公的機関を装った偽メールなどがあり、さまざまな被害にあう危険があります。

SNS ってどんなサービスなの？

スマホで SNS を使っていますが、どういったものを指すのでしょうか？

LINE

Twitter

Instagram

SNS（ソーシャル・ネットワーキング・サービス）は、友達や趣味が合う人同士で、情報を発信したり、共有、交換できるインターネット上のサービスです。実名や匿名、メッセージの公開や非公開など、サービスによって特徴が違います。

SNS は、ソーシャル・ネットワーキング・サービスの略で「社会的なつながりを提供するしくみ」のことです。Web ブラウザや専用アプリを使い、インターネットを通じて世界中の人と交流ができます。どのサービスもアカウントを作成後、友達申請を行って、承認されると情報を共有し、交流できるようになります。また、グループでの交流も行えます。情報発信のみに使ったり、友人以外には一切非公開にすることもできます。ただし、SNS といっても、提供会社によって内容が異なります。例えば、匿名でよいものや原則実名のもの、登録しないと読めないもの、非登録の人にも公開できるものなどです。SNS は災害時の連絡用としても利用されています。

●代表的な SNS

種類	特徴
Facebook	記事、写真、動画の投稿と閲覧ができます。原則として実名で会員登録します。登録後は、サービスを利用している人の情報を見ることができます。友達申請すれば交流することができます。
Instagram	写真、動画を共有することができます。シンプルですが、編集や加工機能がすぐれています。コメントを書き込むことができます。
Twitter	短文や写真、動画の投稿と閲覧ができます。匿名性が高く、不特定多数の人への発信力があります。投稿は公開や非公開が選べます。気に入った相手をフォローすることで自分のタイムラインに投稿が表示されます。
LINE	主にスマホ向けのサービスです。友達登録した会員同士がチャット形式で交流します。メッセージや画像、動画を個人やグループでやり取りできます。電話や電子マネーといった機能もあります。

Column コラム
SNS の注意点

SNS には使用できる年齢に制限があります。ルールを守って使いましょう。また、便利な反面、問題の原因にもなります。友人同士のリアルな人間関係では、深夜までのトーク、仲間外れ、悪口などが発生する恐れがあります。面識のない人では、性犯罪、脅迫、情報漏洩、拡散などの被害にあう可能性があります。また、ほかのことが手につかず、ネット依存症になる危険もあります。

ネットショッピングってどんなサービスなの？

ネットショッピングはどんなサービスなのでしょうか？　どんな種類がありますか？

ネットショッピングは、インターネットを通じて仮想店舗から商品を買うことをいいます。

一方、ネットオークションは競売で、売る・買うの両方が可能です。その他、個人間での売買や、不要なものをもらうというサービスもあります。

ネットショッピングは、パソコンやスマホから注文して、商品を届けてもらうインターネットの通信販売です。Amazon や楽天市場が有名なショッピングサイトです。他にもチケット販売、旅行券などのさまざまな専門ショップがあります。ネットオークションでは商品を出品して競売にかけます。ヤフオク！（Yahoo! オークション）が有名です。

その他、個人間で不用品の取引ができるメルカリなどがあります。支払いはクレジット決済のほか、コンビニ決済、ギフトカードを購入し、そのギフトカードに記載された番号による決済などの方法があります。

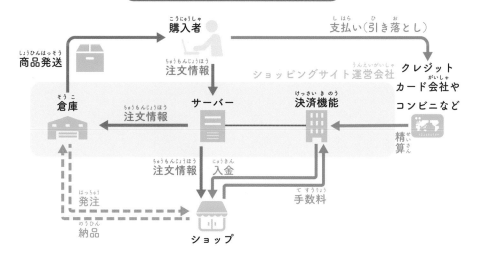

ショッピングサイトの例

C olumn コラム

海外ショップの利用

インターネットを使えば、海外のショップからでも注文し、購入できます。大手であれば、日本への発送にも対応しています。例えばアメリカでは本家 Aamzon、オークションの eBay、中国では Alibaba、Taobao などが有名です。

米 Amazon（https://www.amazon.com/）	Alibaba（https://www.alibaba.com/）
eBay（https://www.ebay.com/）	Taobao（https://world.taobao.com/）

動画サイトで気をつけたいことって何?

動画を見たり、自分も動画を配信したいですが、どんな点に注意したらよいでしょうか?

インターネットの動画配信が盛んです。YouTube やニコニコ動画、Netflix や Amazon Prime Video など、有名なサービスが数多くあります。自分から動画を配信する場合は、個人情報や著作権などの情報モラルを理解している必要があります。

インターネット上には数多くの動画サイトがありますが、中には有害な動画を集めたサイトがあります。例えば、有害な動画をクリックすると、別のサイトに飛ばされてウィルスに感染したり、アカウントの乗っ取りや高額請求などの被害にあう危険があります。違法なコピー動画の場合、再生するだけで罪に問われる恐れもあります。自分が撮った動画を配信する場合は事前に内容をチェックしましょう。人気を取ろうとして悪ふざけ動画を配信して炎上し、社会問題になったり、動画の内容から学校や自宅の住所を特定され、拡散される被害などが発生しています。

Column コラム

動画とデータ量

動画では大量のデータをやり取りするため、Wi-Fi や常時接続のネットワーク環境で見るようにしましょう。スマホなどのモバイルデータ通信を使う場合、携帯会社と契約している月間のデータ量が少ないと、すぐに上限になってしまいます。スマホにデータを転送して見ることもできますが、コンテンツによっては著作権侵害になってしまうこともあります。動画には年齢制限もありますので、視聴可能なものを見るようにしましょう。

ゲームで注意することって何？

ゲームで遊ぶときにどんなことに注意すればよいのでしょうか？

ゲームは、パソコンやスマホ、ゲーム専用機などで楽しむことができます。ゲーム専用機の中にはインターネットに接続できるものもあります。インターネットの危険性はパソコンやスマホと同じです。セキュリティ対策や年齢制限などに注意して利用しましょう。

ゲーム専用機の中にはインターネット接続機能を持つものがあります。ゲーム機から不適切なホームページに接続しないよう、フィルタリングや視聴年齢制限を設定しましょう。また、携帯型の専用ゲーム機は、無線 LAN につながるものがあります。公衆無線 LAN のアクセスポイントの中にはセキュリティが十分でないものがあり、通信内容を盗聴されるなどの危険があります。なお、ゲームを購入する際には CERO レーティングという対象年齢を示すマークがありますので、参考にして購入しましょう。

有害サイト

全部無料

● CERO レーティング表

マーク	記号	対象
CERO A 全年齢対象	A	全年齢対象
CERO B 12才以上対象	B	12歳以上対象
CERO C 15才以上対象	C	15歳以上対象
CERO D 17才以上対象	D	17歳以上対象
CERO Z 18才以上のみ対象	Z	18歳以上のみ対象

CERO 教育・データベース	教育・データベース
CERO 審査予定レーティング	審査予定
CERO 規定適合	CERO 規定適合（体験版に表示）

Column コラム

オンラインゲームの注意点

オンラインゲームは複数の人が同時に参加・交流しながらゲームを進めることができ、楽しく遊ぶことができます。ただし、熱中しすぎるとゲーム依存症になる危険があります。

また、月額料金や有料アイテムなどプレイ内容に応じて課金されるケースが多いので、支払いについて保護者との相談が必要です。その他、知らない人にアイテムをだまし取られたり、ゲームのチャット機能で呼び出され、犯罪に巻き込まれたりするなどの危険があります。

普段の生活で注意することって何？

パソコンやスマホを利用する際、リアルな生活で、どんな点に気をつければよいのでしょうか？

情報社会では、インターネットに関連した被害が多いですが、人による物理的な被害も多く発生しています。パソコンごと盗まれたり、IDやパスワードを盗み見されないように注意することが必要です。

個人情報や重要情報の流出は、他人に勝手にパソコンを使われたり、パソコンごと盗まれて起きるケースが多くあります。スマホはポケットやバッグからスリやひったくりに抜き取られてしまうことがあります。対策としては、ログインパスワードを設定する、一時中断する際はロックをかける、などです。また、USB メモリーに大切なデータを記録する場合は、データを暗号化して守ることができます。なお、ID やパスワードを書いた紙を筆箱など見えやすいところに貼り付けたりすると、他人に簡単に知られてしまいます。また、ID やパスワードを入力しているところを人にのぞかれないようにしましょう。

Column コラム 電子機器を廃棄するとき

　古くなった電子機器を廃棄する際、ほとんどの自治体では、燃えないゴミや粗大ゴミでは捨てられません。廃棄の方法は自治体ごとに異なるので、役所に確認しましょう。

　また、大切な個人データなどが保存されているパソコンやスマホ、ストレージなどは、捨てる前にデータを削除しただけでは安心できません。簡単に復元できるからです。確実に消去するには、「初期化」（完全消去）という作業を行いましょう。

情報モラルについてもっと知りたいときは？

情報モラルについて、もっと知りたいです。何を見ればよいですか？

　情報モラルを学びたいときは、道徳や国語などの教科書やワークブックを利用しましょう。もっと学びたいときには、図書館などで情報モラルの本を読んでみるのもよいでしょう。インターネットにもたくさんの情報があります。文部科学省や総務省のWebサイトを見てみましょう。

情報モラルの学習は、授業では道徳、総合的学習、国語、社会などで行われます。また、学校の図書室や地域の図書館には、情報モラルに関する本があるので探してみましょう。

インターネットでも情報モラルを学ぶことができます。文部科学省や総務省のWebサイトには、動画の教材などが公開されています。独立行政法人　情報処理推進機構では、日本の情報技術について研究などを行っています。子ども向けの情報もあり、動画なども公開されています。

警察のWebサイトやインターネット企業のWebサイトなどにも、子ども向けの情報セキュリティに関する情報が公開されています。

文部科学省
https://www.mext.go.jp/

総務省
https://www.soumu.go.jp/

情報処理推進機構
https://www.ipa.go.jp/

警察庁
https://www.npa.go.jp/

ポータルサイト

ポータルサイトとは、ある情報を調べるときに出発点となるWebサイトのことです。

例えば、「情報モラル　ポータル」というキーワードで検索すると、情報モラルについてまとめたWebページを探すことができます。検索は、複数のキーワードを組み合わせて行うのが上手に探すコツです。

さくいん

■著者プロフィール

松下 孝太郎（まつした こうたろう）
神奈川県横浜市生。
横浜国立大学大学院工学研究科人工環境システム学専攻博士後期課程修了 博士（工学）。
（学）東京農業大学
現在、東京情報大学総合情報学部 教授。
画像処理、コンピュータグラフィックス、教育工学等の研究に従事。
教育面では、プログラミング教育、シニアへのICT教育、留学生へのICT教育等にも注力
しており、サイエンスライターとしても執筆活動および講演活動を行っている。

山本 光（やまもと こう）
神奈川県横須賀市生。
横浜国立大学大学院環境情報学府情報メディア環境学専攻博士後期課程満期退学。
現在、横浜国立大学教育学部 教授。
数学教育学、離散数学、教育工学等の研究に従事。
教育面では、プログラミング教育、教員養成、著作権教育にも注力しており、
サイエンスライターとしても執筆活動および講演活動を行っている。

■ご注意
本書の内容は2020年7月時点での最新情報をもとにしています。その後、変更されたり、無くなっている可能性があります。

本書に記載されている商品・サービス名称等は、各社の商標または登録商標です。
本書では、®、™マークは省略しています。

装丁　　　　●羽田眞由美（株式会社ユニックス）
本文　　　　●湯浅安恵・石堂真菜実（株式会社ユニックス）
イラスト　　●花田麻緒・中田亜花音・清野郁代（株式会社ユニックス）

やさしくわかるデジタル時代の情報モラル
【①基本編】

2020年8月21日　初版　第1刷発行

定価はカバーに表示してあります。
本書の一部または全部を著作権法の定める範囲を超え、無断で複写、複製、転載、テープ化、ファイル化することを禁じます。

著　者　松下 孝太郎、山本 光
発行者　片岡 巌
発行所　株式会社技術評論社
　　　　東京都新宿区市谷左内町 21-13
電　話　03-3513-6150　販売促進部
　　　　03-3267-2270　書籍編集部
印刷・製本　大日本印刷株式会社

© 2020 松下 孝太郎、山本 光

造本には細心の注意を払っておりますが、万一、乱丁（ページの乱れ）や落丁（ページの抜け）がございましたら、小社販売促進部までお送りください。送料小社負担にてお取り替えいたします。
ISBN978-4-297-11413-8 C8304
Printed in Japan

●本書へのご意見、ご感想は、技術評論社ホームページ（http://gihyo.jp/）または以下の宛先へ書面にてお受けしております。電話でのお問い合わせにはお答えいたしかねますので、あらかじめご了承ください。

〒162-0846　東京都新宿区市谷左内町21-13
株式会社技術評論社書籍編集部 『やさしくわかるデジタル時代の情報モラル【①基本編】』係
FAX：03-3267-2271